T0106294

Confíe y viva sin Pánico

Silvia Araya

BALBOA.
PRESS

A DIVISION OF HAY HOUSE

Balboa Press books may be ordered through booksellers or by contacting:
Balboa Press
A Division of Hay House
1663 Liberty Drive
Bloomington, IN 47403
www.balboapress.com
1-(877) 407-4847

Because of the dynamic nature of the Internet, any web addresses or links contained in this book may have changed since publication and may no longer be valid. The views expressed in this work are solely those of the author and do not necessarily reflect the views of the publisher, and the publisher hereby disclaims any responsibility for them. The author of this book does not dispense medical advice or prescribe the use of any technique as a form of treatment for physical, emotional, or medical problems without the advice of a physician, either directly or indirectly. The intent of the author is only to offer information of a general nature to help you in your quest for emotional and spiritual well-being. In the event you use any of the information in this book for yourself, which is your constitutional right, the author and the publisher assume no responsibility for your actions.

Any people depicted in stock imagery provided by Thinkstock are models, and such images are being used for illustrative purposes only.

Certain stock imagery © Thinkstock.

ISBN: 978-1-4525-4421-2 (sc)
ISBN: 978-1-4525-4420-5 (e)

Library of Congress Control Number: 2011963413

Printed in the United States of America

Balboa Press rev. date: 1/6/2012

Agradecimientos

Primero a Dios por su amor incondicional. Por hacerme su instrumento al darme el empujón y las palabras para escribir este libro

A mis papás, mi hermana y mi sobrino por su apoyo y amor

Y a mi tía Norma, por su sabiduría, ternura y entrega a los demás. También por su ayuda para hacer este libro aún mejor

También quiero agradecer a:
Doreen Virtue
Wayne W. Dyer
Collete Baron-Reid
Iyanla Vanzant
Deepak Chopra
Y
Louise Hay
Gracias por inspirarme todos los días con sus enseñanzas y obras

Contenido

Prefacio

Los ataques de pánico son más comunes de lo que se cree. Millones de personas los padecen todos los días y ni siquiera lo saben

Las cifras son elevadas, pero sospecho que podrían ser mayores. Mucha gente ignora el nombre de lo que padece, ya que lo confunde con otras enfermedades o siente vergüenza de buscar ayuda y averiguar lo que realmente sobrellevan. Otros sí saben pero sienten pena de decirlo y quedan, al igual que los otros, fuera de las estadísticas mundiales.

Muchas de estas personas sufren en silencio, pues temen lo que vayan a pensar de ellos cuando le cuenten a otra persona, especialmente sus familiares y amigos; de esta manera no reciben tratamiento ni apoyo psicológico o espiritual.

Varias investigaciones confirman mi hipótesis de que el fenómeno va en aumento gracias a la acelerada vida que llevamos, trabajos que tienen como requisito "poder trabajar bajo presión", despidos masivos, extinción de algunos sectores de la economía. Recibimos constantemente bombardeo de los medios sobre lo "mal que está el mundo", decaimiento de la economía mundial, desgaste del medio ambiente, escasez en agua y alimentos, muertes a toda hora en los noticieros, desastres naturales y muchos más.

Tantas personas pasan por estas dolorosas situaciones en la actualidad, los niveles de ansiedad y estrés son más elevados que nunca. La gente corre todo el tiempo y no saben realmente a dónde quieren ir; buscan y buscan pero no en lugares correctos.

Es momento de volver a ver hacia a dentro y recordar quienes somos realmente: luz y amor.

Con este pequeño libro quiero llevarlos a través del viaje que tuve que realizar por lugares muy oscuros, para poder comprender a todos los que están atravesando por esas sombrías cuevas también.

Al final del túnel vi la luz más clara que nunca y todo lo que necesitaba llegó a mí sin esfuerzo.

Espero que mi experiencia le ayude también a encontrar su verdad y a ver los ataques de pánico como un gran maestro con un disfraz extraño.

Namaste!

Silvia,

Costa Rica 2011

"Si supieras Quien camina a tu lado en este camino que Tú has escogido, sentir miedo es imposible"

Un Curso de Milagros

Introducción

Comienza sin avisar y entra sin permiso, sin llamar. El sentimiento va llegando solo como un chorrito y rápidamente inunda como una ola…esa noche de enero fue más oscura que las otras noches, y yo sin saber lo que se venía me acosté a la misma hora de siempre, con el despertador listo pues tenía que ir a trabajar al día siguiente.

Cerré los ojos en la oscuridad del cuarto, interrumpida únicamente por la luz de televisor en silencio, una sensación de ahogo empezó a presionar mi pecho, a continuación los latidos de mi corazón fueron aumentando en fuerza y en rapidez y pensamientos de muerte llenaron mi cabeza con una potencia imparable.

No podía creer que ese día muriera sola en mi cama, porque estaba segura que ni siquiera tendría la fuerza de levantarme y conducir el auto hasta el hospital.

Aunque yo ya sabía de qué se trataba, siempre que venía uno de estos episodios me era imposible recordar que era solo una pesadilla pasajera

Cerré los ojos con más fuerza y empecé a repetirme una y otra vez que lo que sentía era psicológico, que ya iba a pasar como las otras veces, pero no se iba

Comencé a llorar de la impotencia, el miedo ya había bajado la temperatura de todo mi cuerpo y temblaba a pesar de las tres cobijas que tenía encima.

Mi impulso era llamar a mi mamá para que me dijera que todo estaba bien, pero era muy tarde y no quería alarmarla por una situación "tan tonta" como esta, así que me puse de pie y la ansiedad hacía que solo caminara en círculos alrededor de la mesa de la sala. Las sensaciones no se iban y sin darme cuenta estaba hablándome, y hablando con Dios en voz alta. Las lágrimas salían con más fuerza, el pecho las presionaba hacia afuera.

Movía los brazos en círculos extraños, eran movimientos que yo no controlaba pero que de alguna forma me tranquilizaban, seguía caminado en círculos, hablando, moviendo los brazos y callándome para no despertar a nadie.

Sabía que tenía que ir al trabajo en pocas horas y eso me angustiaba todavía más, así que volví a mi dormitorio pero no podía dormir. Este era el periodo más largo que había pasado con un episodio.

En ese momento decidí vencer la vergüenza y toqué la puerta de mi compañera de apartamento para que durmiera conmigo, en el fondo, esperaba también que me consolara y me tranquilizara, pero fue directamente a mi cama y continuó su sueño.

Yo estaba atrapada, no me sentía más tranquila y además ya no podría encender el televisor, ni hablar, o llorar en voz alta para no despertarla, tenía que ver como hacía para dormirme lo antes posible.

Traté de aplicar lo que mi mamá me había dicho sobre el niño interior y me enrosqué en posición fetal y agarré una almohada como si fuera un bebé y empecé a "calmarla" entre sollozos.

Las horas pasaban, y entre dormida y despierta empecé a escuchar los pajaritos que anunciaban la salida del sol

Había sido la noche más larga de mi vida…

Los ataques de pánico son más frecuentes de lo que se piensa, y millones de personas los viven todos los días bajo la sombra de la ignorancia.

Por lo real de sus síntomas, es difícil diagnosticarlo porque puede ser enmascarado como otros padecimientos y esto hace que las estadísticas sean engañosas.

En Estado Unidos, se estima que un año entre el 15 y el 19.5% de la población padece de ataques de ansiedad, y a lo largo de su vida es de un 28% (González 2009)

Por su parte, Puchol (2003) establece que:

Los Trastornos de Ansiedad son considerados en la actualidad como el trastorno mental más común en los Estados Unidos.

Se calcula que cerca de 2.4 millones de Norteamericanos entre los 18-54 años, aproximadamente el 1.7% de la población, padecen Trastorno de Pánico.

Y como mencionaba antes, estas cifras podría ser mayores, ya que los ataques de pánico van en aumento dentro de una población cada vez más ansiosa y falta de fe; y porque muchas personas piensan que tienen otra enfermedad o ignoran el nombre real de su padecimiento.

Hay una pequeña parte de la población con ataques de pánico, que saben que su pesar no es físico pero igual no se refleja en las cifras y no piden ayuda psicológica por vergüenza.

Este último componente está presente en casi todos nosotros, pues nos dejamos afectar por lo que la gente dice cuando expresamos que no podemos subir a un ascensor, o cuando no queremos ir a algún lado (especialmente si es muy lejos de casa) o porque no podemos ir al supermercado o abordar un autobús solos. Afecta nuestra autoestima ya que muchas veces nos sentimos imposibilitados de ser "normales" y hacer las actividades cotidianas que todo el mundo hace sin problema.

Por estas razones es muy difícil dar un número exacto de las personas que pasan por estos episodios y son normalmente etiquetados como "nerviosos", "miedosos", "raros", "débiles"…

Todas estas señales me motivaron a hacer de mi experiencia una forma de alzar la voz sobre esta situación que se da en silencio en muchos hogares y quizás algunas de las técnicas que me ayudaron a mí pueden servirles a otras personas.

Durante todo el libro trataré de utilizar otras palabras un poco más positivas para llamar a los ataques de pánico y voy a evitar emplear la palabra problema o enfermedad ya que no pienso que se trate de algo así.

Y aunque se trate de una cuestión mental, nacida de nuestros pensamientos, creo que también es importante hablar de la parte cuando estos pensamientos y creencias se manifiestan en la dimensión física, como síntomas.

Puede ser que cuando una persona que tiene este tipo de episodios llega al hospital, los doctores no detectan nada que pueda ser la causa de sus mareos, falta de aire, dolor en el pecho y demás, y digan simplemente: lo que usted tiene es

"estrés". Sin embargo, como dice Doreen Virtue PhD, lo que se experimenta es como cuando se ve una película de terror: las lágrimas son reales, el miedo es real, LOS SINTOMAS Y DOLENCIAS SON REALES pero lo que los causa **NO ES REAL**, es solo una película. Y esta frase se me ha quedado grabada, porque solo los que hemos pasado por un episodio de estos sabemos lo fuerte que puede sentirse el miedo en nuestro cuerpo, y llega a crear toda clase de reacciones en cadena.

"…de manera que podemos decir confiadamente: el Señor es mi ayudador; no temeré"

Hebreos 13:6

Los ataques de pánico solo son reacciones

El título resume muy bien lo que he llegado a descubrir, que las crisis de pánico se deben a reacciones tanto programadas como biológicas. Quiero concentrarme por ahora en estas últimas, porque me parece que el cuerpo humano viene preparado para actuar en situaciones de peligro. Imagine por ejemplo, que en la época prehistórica nuestros ancestros sabían que cuando veían un depredador o una tribu enemiga debían correr o prepararse para defenderse. Así que nuestro organismo comienza toda una serie de mecanismos como aumentar el ritmo cardiaco, la respiración, una sensación de ganas de HUIR, adrenalina recorre todos los rincones, sudoración, cortisol, glucagón para la energía, se inhibe el sueño y el hambre, ¿por qué? Porque hay una amenaza y en ese momento estar alerta es más importante que cualquier otra cosa.

Personalmente creo que el inconsciente no sabe distinguir entre una amenaza visual, como pudo haber sido un tigre colmillos de sable, o un pensamiento de que voy a morir, como se presenta normalmente en las crisis de pánico. Es por esto que nuestro cuerpo se prepara igual para un escenario real o imaginario y todas estas reacciones fisiológicas son muy reales y son parte de los síntomas que hacen pensar a las personas que realmente van a morir.

Lo importante aquí es reconocer que lo que se siente es muy real, pero lo que lo produjo no, es una película, son solo pensamientos, y por lo tanto podemos revertir el proceso y volver a un estado de calma simplemente respirando profundo para bajar el ritmo del corazón, que vayan desapareciendo los otros síntomas que son solo reacciones de este perfecto cuerpo que Dios creó.

Hablarse en ese momento (entre otras técnicas) es fundamental, porque podemos decirnos: todo está bien, no hay nada de qué preocuparse, no hay amenazas reales, estamos a salvo, nada malo va a suceder, es solo un susto. Inclusive darse cuenta de la bendición que significa este episodio porque el hecho de que el cuerpo responda de esta manera (aunque no corresponda a la realidad) demuestra que hay una parte nuestra que escoge la vida, escoge seguir viviendo, que no quiere abandonar esta experiencia como humano y es importante reconocerlo porque problemático sería si no tuviéramos ese instinto de supervivencia.

Al darnos cuenta que posiblemente tengamos una "amígdala más sensible" que el resto de personas y que nuestro sistema de emergencia funciona perfectamente. Podremos ver que realmente no hay nada extraño, ni somos raros o anormales, simplemente estamos muy ansiosos por nuestra falta de confianza o fe, significa que hay que bajarle el volumen a los pensamientos que acompañan a la película de terror que resuena en la cabeza y poder sentarse y decir: es solo una cinta, no es real y vamos a confiar en que todo está y estará bien. Fe!

En este punto cuando descartamos que el origen sea fisiológico, es momento de concentrarnos en la verdadera raíz de los síntomas: la mente

"No hay separación entre Dios y Su creación"

Un Curso de Milagros

¿Cómo nace?

*P*or mi experiencia y las muchas otras que he llegado a observar, veo que los ataques de pánico empiezan a incubarse desde la niñez. En algún momento altamente traumático: una muerte o experiencia cercana a la muerte, abuso, accidente…o cualquier situación difícil para un niño donde experimentara DESAMPARO. En otras palabras, si el niño creyó que debía enfrentar una situación peligrosa o de miedo y sintiera (no necesariamente que fuera así) que nadie lo podía amparar o reconfortar en ese momento.

Por ejemplo, mi niñez. Para mí, el momento más traumático de mis primeros años fue padecer una condición en mi intestino que me obligaba a tomar medicamentos, hacerme exámenes de todo tipo, y esto ocurrió entre los cero y tres años de vida. Este problema culmina con una delicada operación que dura más de diez horas seguida por semanas de internamiento en un hospital.

Días después debo regresar al hospital por hemorragias internas que me ponen la encrucijada de: si me operan muero, si no me operan también muero.

De forma milagrosa mis hemorragias cesaron sin necesidad de ninguna intervención y no he tenido más problemas desde entonces.

Yo recuerdo algunas cosas, otras no, pero por los pedazos que he podido unir según mis recuerdos y los relatos de mis padres, fue una situación muy fuerte para todos y aunque mis papas quisieron estar conmigo siempre no podían. Muchas de las experiencias como la operación, exámenes y otros, tuve que pasarlos sola y probablemente sintiendo un desamparo indescriptible.

Por esta razón no importa realmente si el "abandono" fue intencional o no, lo que importa es que fue real para el niño y esta emoción es recreada una y otra vez durante las crisis. Es por esta razón que no obedece a ninguna lógica que un autobús dé miedo, o un paseo familiar o una tienda; ni tampoco responde a por qué un adulto siente miedo cuando está frente a alguna de estas situaciones inofensivas, y precisamente porque no es el adulto el que se asusta, sino ese niño pequeño que llevamos dentro.

Inclusive, muchas veces sale nuestra parte adulta y regaña por esta reacciones o se enoja porque esta parte nuestra sabe que no hay nada que temer, pero en esos momentos hay que recordar que es un niño el que tiene miedo y preguntarnos: qué le diría yo a un niño si lo encontrara asustado en esta situación? Piénselo, es un buen ejercicio, aunque no pueda imaginarse a sí mismo pequeño, visualice cualquier niño o niña que quiera y permítase actuar como ese adulto amoroso que esa personita necesita en ese instante.

Volviendo al asunto del trauma o situaciones difíciles en la niñez, no gastemos tiempo o energía tratando de descifrar quien tuvo la culpa, por qué lo hicieron, o por qué no me consolaron en los momentos de dolor. Eso es pasado y no hay nada que podamos hacer para cambiarlo excepto aceptarlo y saber que es parte de nuestros aprendizajes el haber pasado por situaciones así. Por otro lado, nuestros cuidadores hacían lo que podían, con las herramientas emocionales o económicas con que contaban en esas circunstancias y dentro de ellas albergaban probablemente, también a su propio niño desatendido. Buscar culpables o maneras de cambiar el pasado solo atrasara el proceso de sanación, pero admito también que aceptar lleva su tiempo.

En algunas personas las crisis de este tipo persisten durante toda la vida, pero en la mayoría de los casos que conozco, los episodios cesan por unos años y vuelven después de una situación difícil o traumática, como un parto, acontecimientos de muerte, incluyendo enfermedades peligrosas, pérdida de empleo, una relación que acaba, cambios en la economía…en fin, cualquier situación en la que la persona vuelva a sentirse desamparada o que sienta que ha perdido el control.

A menudo en este punto decimos: ¿Qué está pasando? ¿Yo antes podía hacer estas cosas y ya no? Yo antes era *"normal"*, no sé qué pasó. Estas frases son muy comunes porque el niño asustado opera a nivel inconsciente en muchas personas, así que la situación que se enfrenta en ese momento dispara el sentimiento de abandono y desamparo que por tantos años estuvo escondido debajo de la alfombra donde "nadie podía verlo", pero en realidad siempre estuvo ahí porque nunca fue sanado. La bendición aquí es que si sale años después, cuando ya tenemos más herramientas emocionales, muchos ya somos adultos y tenemos la capacidad completa de hacernos cargo de nosotros mismos, si es así, es una gran oportunidad de crecimiento personal.

Este es el momento perfecto para reconfortar a ese niño o niña que tiene tanto miedo, y usted es la persona ideal para hacerlo. Este tema lo retomaremos más adelante.

"...porque Él dijo: NO te desampararé ni te dejaré"

Hebreos 13:5

Miedo a la muerte: culpa, castigo y Dios

Un componente en común que poseemos todos los que hemos padecido, o padecemos, de esta condición es el miedo a la muerte. Usted debe pensar en este momento que no hay nada de anormal en esto, pues todos tenemos en cierta medida temor a morir, pero en el caso de los episodios de pánico es diferente, hablo de un pavor indescriptible sobre partir de este mundo. Una sensación de desesperación y desamparo mas allá de lo que las palabras puedan expresar, es sentir la amenaza real de un hecho inevitable, de perder el control en ese momento y que no se pueda hacer nada más, excepto esperar que llegue. Todas las personas que conozco con estas crisis sufren de un recelo constante a fallecer, aunque no lo hayan identificado todavía.

Se angustian cuando les cuentan sobre alguna persona, conocida o no, que ha muerto o sufre de alguna enfermedad fatal o extraña. Escuchar sobre estos temas siquiera, ya produce ansiedad en la persona y puede inclusive llevar a una crisis si ésta aún no ha sabido controlar sus pensamientos.

Este sentimiento paralizante muchas veces lleva al individuo a evitar toda clase de situaciones que puedan ser consideradas peligrosas, ingerir alimentos, ciertos lugares, paseos y otros.

El miedo a la muerte llega a controlar completamente la vida y afecta todas las dimensiones, como las relaciones de pareja, de familia, de amigos; el trabajo, los estudios, las actividades recreativas o pasatiempos y sin darse cuenta se va encerrando en una cajita oscura de la que solo el paciente tiene la llave.

Este componente lo he encontrado en mayor o menor medida en todos los casos de pánico que conozco.

Este sentimiento en torno a la transición de un ser vivo, parece ser solamente una idea errónea, ya que en tiempos pasados, otras civilizaciones experimentaban la partida de un ser querido como una celebración y se consideraba un momento importante y alegre para el fallecido. ¿En qué momento perdimos esa visión y por qué? ¿Qué nos impide pensar de nuevo en este acontecimiento con regocijo? ¿Qué pasaría si le enseñamos a las siguientes generaciones a verlo de forma diferente?

Muchas veces este miedo, se generaliza y la persona también desarrolla aversión a las enfermedades, pues estas simbolizan muerte y/o sufrimiento; de nuevo la persona va a hacer todo lo posible por evitarlas, y si en algún momento llega a contraer una, puede desencadenar episodios de pánico. Esta condición se llama hipocondría en el lenguaje psicológico y médico, puede hacer que la vida de la persona se complique un poco más, pues es común que surjan pensamientos y conductas obsesivas en torno a las enfermedades, como constantemente revisar las composiciones de los alimentos, fechas de vencimiento, dejar de consumir productos que antes se degustaba sin problema y cada vez el individuo se encierra más y más en su miedo.

Si se encuentra en esta situación es importante tratar de frenar este camino lo antes posible y buscar ayuda.

El rechazo a la muerte puede ser por varias razones, sin embargo, las observaciones de mi mamá por años como psicóloga, me ha revelado que en todos los casos también está presente el temor a Dios y/o la culpa.

El miedo a Dios ha sido infundido por siglos y ha creado aprensión en las personas hacia el castigo. Y todo esto puede tener un origen muy profundo pues muchas personas, por varias circunstancias de su vida especialmente en la niñez, llegan a la conclusión de que son malos o que merecen el mal y que por lo tanto Dios los va a castigar por sus acciones erróneas o por haber "incumplido" con sus mandatos. Igual sucede con la culpa, los que en algún momento llegamos a pensar que por no ser lo suficientemente buenos, perfectos o hermosos, creamos la idea de que merecemos el castigo por "nuestras faltas" y vamos a permitir de MANERA INCONSCIENTE que nuestros pensamientos sean solo de miedo y de esta forma viviremos según lo que nos "hemos ganado": castigo.

En la Biblia, I Juan 4:18 dice que el temor lleva en sí castigo, y esto porque con solo permitir que haya miedo en nuestras vidas significa no estar alineado o sentirnos separados de nuestra fuente, el universo, Dios o como le quieran llamar. El Ego (Edge God Out[1] como dice Wayne Dyer) es esa parte donde nos sentimos alejados de Dios y por lo tanto no nos dejar ser lo que realmente somos: amor; y ya solo esta situación es suficiente castigo para nuestra alma.

El Ego vive y se alimenta del miedo, y se cree todos los mandamientos y creencias del mundo terrenal. Vivir desde su perspectiva solo nos hará sentir falta, que no somos merecedores, que necesitamos tener control y miedo permanente.

Además, la persona que vive desde el Ego va a tratar de evitar el rechazo y eso simplemente en el fondo es miedo. Miedo a no ser amados o aceptados, por Dios, por nuestros padres, por la sociedad, por la pareja, amigos, familiares…y así volvemos a la cita de Juan donde dice que "el amor perfecto echa afuera el temor" y en esta pequeña frase se encuentra la solución.

Si estamos dispuestos a tomar el camino más largo, la culpa no tendría lugar en nuestras vidas, por la vía extensa me refiero a perdonar y amarnos a nosotros mismos. Si logramos perdonarnos, comprenderemos que no hay NADA malo con nosotros, que siempre hemos sido y seremos perfectos porque somos la imagen de nuestro origen; y lo más importante, es que los "errores" que cometimos fueron el resultado de nuestro mayor esfuerzo con las herramientas que teníamos en ese momento, como lo dice Louise Hay. Inclusive, no sabemos a veces el propósito de que esa situación sucediera, no conocemos el alcance de nuestras palabras y muchas veces es importante que ese momento ocurriera porque me va

---

1   Se traduce como 'sacar a Dios'

a enseñar algo a mí o a alguien más, y la culpa no arreglará ni cambiará nada. Si con una tonelada de culpa o preocupación pudieras solucionar algo, yo le diría siéntase bien mal, pero sabemos que no es así; la culpa solo traerá castigo y no reparará nada.

En la siguiente ilustración, está puesto como veo que funciona todo el proceso de los "episodios de menos paz".

Donde la raíz de todo es el desamparo y a veces también el rechazo. Ambos son alimentados por la culpa, que a su vez es quien sostiene la copa donde están los síntomas.

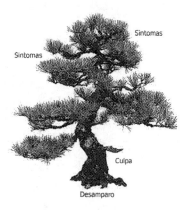

Me gusta usar esta imagen cuando explico que lo que vemos normalmente son las hojas de la planta o del árbol, y mucha gente pasa su vida gastando recursos y energía en tratar solo la copa, pero estos son solos síntomas. Si queremos que la situación realmente desaparezca, debemos trabajar en la raíz y automáticamente las hojas cambiarán.

También es importante no darle lugar a la culpa en nuestras vidas, pues solo alimentará el desamparo y el rechazo que sentimos en el fondo.

Nada logramos con podar el árbol, las ramas volverán a crecer y mucha gente lo hace con medicamentos altamente adictivos, dañinos y caros; o con adicciones. Concentrémonos en las raíces y de forma involuntaria empezará a cambiar todo

"En la primavera, la fl or se desvanece a medida que el fruto crece Así también se desvanecerá tu ser interior mientras lo divino crece dentro de ti"
Vivekenanda

Nuestras energías deben estar puestas en percibir la existencia de lo que queremos en nuestra vida, y no en lo que deseamos eliminar. Va de nuevo: nuestras energías deben estar puestas en percibir la existencia de lo que queremos en nuestra vida, y no en lo que deseamos eliminar. Esto último desaparecerá paulatinamente mientras el amor y el perdón toman lugar en nuestro interior.

Escribí adrede "la existencia de lo que queremos" porque todo ya nos ha sido dado, simplemente no lo hemos notado y teníamos puesta la atención en lo que creíamos que hacía falta.

"Y así como sabemos que Dios oye nuestras oraciones, también sabemos que ya tenemos lo que hemos pedido" I Juan 5:15

"Deja que el Señor tome todas tus ansiedades y preocupaciones, porque Él cuida de ti"

I Pedro 5:7

Control

Para todas las personas que tienen dificultad con la regulación de su ansiedad, va a haber un asunto (o un rollo) de control casi en todo los casos. Tanta ansiedad en nuestro cuerpo busca siempre la forma de salir o de disminuir de alguna manera. Los que experimentamos estos episodios de pánico, a menudo vivimos la ilusión de tener el control de todo lo que sucede dentro y fuera de nosotros, así pues en el momento de sentir que lo perdemos caemos en un evento de estos.

El control es un espejismo del Ego, pues como piensa que estamos alejamos de Dios, busca la forma de tener todo bajo mando. Su impulso es el miedo, miedo a que las cosas cambien, miedo a lo desconocido, miedo a que los resultados no salgan como esperamos y todo esto genera más tensión y más ansiedad, ya que no es nuestro estado natural. La condición natural es confiar, es dejar fluir...una vez en un sueño me dijeron "Lo Importante es Fluir".

El control que nos hace vivir el Ego realmente no existe porque no tenemos dominio de los acontecimientos que nos rodean, solo de nuestros pensamientos, podemos cambiar la forma en la que nos afectan las diversas situaciones de la vida. Solo yo decido si lo que sucede en este momento en mi trabajo o en mi hogar, o lo que me dijo alguien me afecta, aunque haya sido algo ofensivo. Únicamente tenemos "control" sobre la decisión de si las palabras nos ofenden, o nos entristecen o nos enojan.

El verdadero control lo ejerce el universo y su impulso divino, pero no lo hace de forma humana, sino que opera desde la armonía y el equilibrio. No lo hace desde la fuerza, más bien desde la energía donde todo está ya orquestado para que cada planta, cada río, cada animal sepa qué hacer. Nadie jala las plantas hacia arriba, nadie empuja los ríos, simplemente permiten que la inteligencia divina fluya a través de ellos porque están confiados en que hay leyes universales detrás de estos procesos.

Nosotros dejamos de confiar hace mucho tiempo en nuestra fuente, y empezamos a operar desde el miedo, y sin darnos cuenta sosteníamos las riendas de un caballo que nunca existió, pero el espejismo de alguna manera nos calma. Sin embargo, ninguna ilusión es para siempre y cuando cae, solo queda el miedo que estuvo escondido detrás, porque nunca lo tratamos sino que lo disfrazamos.

Este mecanismo lo desarrollamos a muy tempranas edades y sin darnos cuenta lo llevamos "encendido" por décadas. Por eso es que muchas veces los episodios de pánico se dan después de una crisis o un cambio fuerte en nuestras vidas. En mi caso, fue todo mi mundo que se derrumbo frente a mis ojos durante una situación económica en mi familia: yo creía tener todo resuelto, todo bajo control…el dinero era mi seguridad. Muchas personas me han comentado que su punto de partida fue un parto, muerte de un ser querido o algún episodio traumático de esa índole que sacude el mismo piso donde estamos parados. El asunto es que muchas veces estamos en una superficie falsa que está esperando explotar en cualquier momento. Es normal entonces, tener una reacción de pánico después de un episodio así, pero lo importante es ver la oportunidad que nace entre los escombros porque es el momento perfecto de soltar las riendas y empezar a fluir con la vida para construir un piso que llevamos dentro y no que esta fuera de nosotros.

Lo más importante sobre el control es identificar cuando lo estamos utilizando y saber dejarlo ir. Una técnica que recomiendo, es imaginar que está en un restaurante, escoge algo del menú y se lo dice al mesero, pero normalmente esperamos en la mesa y no vamos hasta la cocina a decirle al chef como tiene que cortar esto, o como cocinar aquello; hay una cierta confianza de que vamos a recibir lo que ordenamos. El asunto es que cuando uno se mete en la cocina, va y le arrebata el sartén a Dios o al Universo, y como Él respeta nuestras decisiones no dirá nada y nos lo entregará, pero entonces esa persona quedará exhausta del trabajo de cocinar toda la cena y probablemente no quedará como la había imaginado, entonces se enoja con Dios y le dice: pero me dijiste que pidiera y yo pedí. Sí, pero nunca lo dejó actuar, usted quería tener el control en todo momento y por eso no nos equivocamos en la parte de pedir de todo corazón, sino en la etapa que sigue a eso.

En otro escenario, la persona pide, y espera pacientemente y sabe que la comida llegará en el momento en que tenga que llegar. Imagina los olores que se desprenderán de esa obra culinaria y sentirá los sabores deshaciéndose en su boca, desde ya experimenta *como si* tuviera el plato en la mesa porque sabe que así será, porque CONFIA plenamente en el cocinero. Para esta persona no solo comer fue una maravillosa experiencia, sino que la espera fue igual de buena y no gastó su energía, pues simplemente PERMITIÓ de manera pacífica que todo el proceso fluyera solo.

El control solo traerá tensión, y esta a su vez acarreará más ansiedad lo que equivale a ser volcanes a punto de explotar en una crisis de pánico en cualquier momento.

Si comienza a confiar en la vida, esa tensión irá desapareciendo y lo podrá notar en todo su cuerpo pues es esa misma inseguridad la que cierra la garganta y provoca sentimiento de ahogo en los momentos de nervios. En cambio si dejamos ir, todos los músculos se relajarán y la sangre podrá pasar más fácilmente.

El control está realmente en las mejores manos, y aprender a confiar en ellas le ahorrará muchos episodios de angustia

No empuje el río.

"La necesidad lleva al cambio"

SAV

Ganancias Secundarias

Para que un cambio suceda, lo único que necesita el universo es nuestra disposición. Con solo estar dispuestos a cambiar, ya está el 50% del trabajo hecho, pues el universo se encarga siempre del otro 50%.

Inicio con este hecho porque muchas personas tienen la intención de cambiar alguna situación en sus vidas, y luego expresan que después de tratar por mucho tiempo o con diferentes técnicas, nada ha cambiado y siguen igual, pegados en el barro.

Y esta situación aplica para todo en la vida, incluyendo las crisis de pánico. Entonces todas estas personas se preguntan qué es lo que están dejando de hacer o están haciendo mal que no les permite cambiar ese sufrimiento? Una razón puede ser las ganancias secundarias.

Las ganancias secundarias son beneficios que la persona obtiene de forma inconsciente por su situación. Por medio de una depresión, ataques de nervios, escasez económica y otras, la persona esté ganando atención o lástima de otros; puede estar recibiendo una confirmación que no merece lo que desea, inclusive ser la excusa perfecta para que otros se hagan cargo de mi o de mi problema y yo así postergo tomar responsabilidad y hacerme cargo de mí misma(o).

Para algunas personas es alguna de estas opciones o varias, sin embargo, es importante no caer en la culpa pues solo hará sentir mal al pequeño niño que está dentro y se reforzaría la condición que origina el problema.

Entender que todo esto sucede a nivel inconsciente es el primer paso, y que es solo una respuesta automática que nos dice que solo hacemos lo que hemos aprendido durante nuestra vida. Es también reflejo del miedo al cambio, y en algunos casos es miedo a estar mejor, pues la persona siente que no lo merece.

Cualquiera que sea la razón por la que el inconsciente actúe así, el siguiente paso es darse cuenta de cuál es la creencia que me está impidiendo cambiar y tomar completa responsabilidad de mi vida.

La ganancia en todos los casos es no cambiar.

En la situación en que la persona recibe atención o el que alguien más se hace cargo de su vida, la clave es que esas personas dejen de hacer el trabajo que ella puede hacer por sí misma.

Tal vez se vea más claro con un ejemplo. Imaginemos una mujer que ha padecido ataques de pánico durante años y ya su familia ha aprendido a convivir con la condición. La señora ha empeorado tanto que ya no puede ni salir a hacer las compras. La estructura familiar se ha acomodado de tal manera que cuando esta mujer necesita salir a comprar algo, sus hijas lo hacen por ella.

En las pocas ocasiones en que ella se arma de valor y sale de su casa, normalmente a mitad del camino sufre una crisis y deja su vehículo abandonado en el lugar del suceso y luego su hijo debe ir a traer el automóvil a casa.

Este es una situación muy común de como la persona, aunque odie sus ataques de pánico y sufra todos los días, no tiene realmente una necesidad de cambiar pues hay toda una organización orquestada a su alrededor para que ella no necesite hacerse cargo de sí misma.

En este tipo de situaciones es importante que la familia u otros facilitadores se hagan a un lado y, aunque sus intenciones son buenas, están retrasando el proceso de sanación de su ser querido.

Podemos aprender a soltar estas ganancias temporalmente, pues vendrá un beneficio más grande que será la sanación y la independencia. Saber que no necesitamos de nadie más que de nosotros mismos para salir y sentirnos bien en todo momento, será la recompensa de haber dejado ir esa ganancia escondida que no conocíamos.

Recuerde que donde hay miedo no puede haber amor. Renuncie a ese miedo al cambio o a hacerse cargo de sí mismo y verá que solo hay ventajas.

Después de cierta edad nos toca convertirnos en nuestros propios padres y de esta manera tenemos la oportunidad de llevar una paternidad o maternidad amorosa con nosotros mismos (hablaremos más de este tema en otro capítulo). No tema, usted viene completamente equipado para asumir esta tarea.

Como menciona Betty Eadie en su libro He visto la Luz, los que decidimos venir a este mundo somos espíritus muy valientes y fuertes, pues no todos tienen el coraje de enfrentar las pruebas que se dan en este plano. Reconózcase ese mérito y sepa que vino a recordar la valentía que usted ya traía, a través de estas experiencias de miedo.

Una vez que usted logre hacerse cargo de sí mismo en una forma amorosa, podrá tener vínculos más sanos con sus seres queridos pues la dependencia ya no mediará entre ustedes.

Desarrollar esta responsabilidad le ayudará a pasar situaciones desafiantes en el futuro, y también a aceptar cambios con más facilidad.

Identifique el miedo que lleva puesto un disfraz de ganancia y verá cómo al fortalecer su autoestima, podrá avanzar rápidamente hacia su liberación.

"No es el cuerpo el que enferma, sino la mente"

Un Curso de Milagros

Síntomas: ¿Por qué ataques de pánico?

Con Louise Hay aprendí que nuestro cuerpo nos habla, que cada síntoma que tiene es simplemente su forma de comunicarse con nosotros y hacernos ver algo que estamos tratando de esconder. El cuerpo es increíblemente inteligente y tiene su propio lenguaje: los síntomas, y cada uno de ellos son señales de lo que pasa internamente, pero la clave para descifrar su código es mirar cuál parte del cuerpo es la afectada y la forma en que está hablando, pues aquí reside el secreto.

Toda esta lista está maravillosamente compilada en el libro de Louise gracias a su observación por años, así que nada más les pondré un ejemplo: vómito. Empecemos por ver qué parte del cuerpo es: sistema digestivo que se encarga de digerir, valga la redundancia, pero específicamente el estómago es el primero que recibe lo que "ingerimos", y aquí es donde todo se pone muy simbólico pues cuando nuestro cuerpo toma algo y luego lo quiere rechazar qué pasa? Vomitamos y es un acto muy alegórico en momentos donde no aceptamos una idea o una situación que se está dando en nuestra vida. Y muchos de ustedes pensarán: pero ¿qué significa cuando algo que comí me cae mal? Fue la comida, no es una situación que suceda….pregúntese ¿por qué a veces a una persona le cae mal la comida y otra persona comió exactamente lo mismo y no tuvo ninguna reacción?. ¿Será porque el cuerpo de uno ya estaba susceptible a enfermarse y solo le faltaba el detonante? Por qué unos se enferman con gripe y otros no si se trata de un virus? ¿Qué hace sus defensas estar más bajas o más altas?...piénselo.

Para mí se trata de los pensamientos, la forma en que asimilemos lo que sucede todo los días y se ve reflejado en nuestros organismos como una forma de llamar nuestra atención, pues muchas veces son de pensamientos y reacciones muy muy inconscientes, cosas que escondimos bajo la alfombra pero ahí están, esperando el momento perfecto para salir y ser resuelta por nosotros.

Con las crisis de pánico sucede lo mismo, empezando porque solo algunos de nosotros las presentamos y no toda la población. Me he dado cuenta que tiene que ver no solo con los aspectos que comente en el capítulo ¿"Cómo Nace?", sino que también es una forma de confrontamiento característico de personas muy sensibles a las energías que nos rodean. Tenemos un sensor muy perceptivo y si no sabemos manejar todos estos estímulos, nos sentimos abrumados, consideramos que no podemos controlar toda la información que nos llega en ese momento y colapsamos. Precisamente por esta razón es que muchos tenemos dificultad en lugares muy concurridos como un centro comercial o un supermercado.

Si siente que es una persona sensible, lo aconsejable es trabajar en el manejo de estas energías que percibe sin juzgarlas si son buenas o malas.

Algunas técnicas pueden ser repetirnos "esto no es mío, esto que percibo pertenece a otra persona", vernos envueltos en un escudo energético, o pedirle a algún ángel que nos proteja de las vibraciones de otros. Mientras esté en el proceso de manejar estas situaciones, busque llenarse de amor y confianza en vez de caer en el miedo, pues esto no le ayudará.

Recuerde que **nada** puede hacerle daño, y que ser un poco más sensible o "poroso" es un don, pues todos tenemos la capacidad de sentir otras vibraciones en mayor o menor medida, pero algunos deben desarrollarla mientras que otros la traen innata. Además, todos estamos conectados energéticamente y si lo sabemos manejar para que no nos afecte, lo podemos utilizar para ayudar a otras personas, ya que tendremos un nivel más profundo de compasión y empatía. Por ejemplo, si ya logró identificar quién o qué lugar le provoca el sentimiento de agobio, puede enviar oraciones y luz; y luego entregarlo a Dios. Deje ir la situación para que el sentimiento de incomodidad desaparezca

Volviendo a las crisis de ansiedad, se habrán dado cuenta que no todos las experimentamos igual, unos sienten ahogo, otros mareos, hormigueos, taquicardia, presión en pecho, vómito, náuseas…..y muchos síntomas más con sus respectivas combinaciones en cada persona. Observando todas estos simbolismos en el cuerpo me preguntaba por qué ella vomita y yo siento que me desmayo si es el mismo padecimiento? Hasta que fui uniendo lo que simboliza cada uno, me di cuenta que la situación incómoda era el reflejo de una emoción inconsciente. Los ahogos son símbolo de sentirse precisamente ahogado, abrumado, no puedo respirar, estas energías son tantas que nos las puedo procesar juntas y siento que me ahogo. Mareos como bien lo dice Louise es miedo a morir. Náuseas y vómito es rechazo a la situación particular que estoy pasando por miedo, muchas veces a los cambios o a dejar lo seguro, por esta razón es que muchas personas vomitan durante los viajes.

Y así podría seguir uniendo cada parte del cuerpo con una emoción o creencia que tenga la persona. Pero también, parte de la sanación es que cada uno de nosotros descubra qué me está tratando de decir este síntoma, que significa esta parte del cuerpo y la forma en que se presenta; de esta manera trabajar en la raíz del asunto. Recuerde que nada ganamos con cortar las hojas si no trabajamos en las raíces de la planta, las mismas hojas seguirán saliendo una y otra vez.

La forma en que aconsejo a las personas para que realicen el análisis, es primero observar lo que sucede en el cuerpo, después preguntarse ¿qué parte del cuerpo es?, ¿cuál es la función de esta parte del cuerpo? (ejemplo garganta: tragar) y continuando con el ejemplo la siguiente pregunta sería: qué es lo que no quiero "tragar"? Y de esta manera podemos empezar el diálogo con cada síntoma y poder trabajarlo desde su origen.

Así que si yo sé que cada vez que viajo o que voy al supermercado me dan náuseas, podemos tomarnos una pastilla, pero lo más importante es hablar con el miedo que está debajo y explicarle que lo está temiendo no sucederá y la necesidad de pastillas o agentes que nos den seguridad irá desapareciendo por sí sola.

¿Y qué hacemos con toda la información del origen de las crisis de pánico y los síntomas y todo esto?.... ¿Cómo se trabaja en la raíz del problema?

"Es, pues, la Fe la **certeza** de lo que se **espera**, la **convicción** de lo que **no se ve**"

Hebreos 11:1

Fe

Durante todo mi proceso personal con las crisis, la Fe ha sido mi bastón de apoyo más fuerte.

Quisiera que empezáramos analizando el maravilloso versículo anterior que es mi compañero de todos los días:

"La Fe es: *la certeza*, o sea, una verdad (un conocimiento seguro y claro de algo) que sea realidad lo que *se espera,* lo que deseo que pase, *la convicción,* que es un nivel más profundo que conocer, saber, o tener una verdad, ES ESTAR CONVENCIDO, de qué?, *de lo que no se ve.* En otras palabras, es no solo tener la certeza si no creer que lo que deseo es una verdad, aunque no lo vea todavía materializarse en este mundo. Esto aplica para todos los temas, desde querer más dinero, un trabajo nuevo, una relación, la resolución de una situación, y en este caso sanación y salud.

En este asunto Wayne Dyer ha sido mi gran guía, pues me ha recordado que todo lo que deseamos ya lo tenemos, simplemente hay que creer, tener Fe que es así, y de esta manera nos conectamos con ese campo donde ya está sucediendo. En este tema sería tener Fe en que los episodios de pánico se irán, pues no hay nada que temer, y poseemos protección celestial en todo momento aunque no la veamos.

El dr. Dyer habla de pensar desde el final y no hacia el final, ir a ese lugar donde YA SOMOS SANOS, puesto que nuestro estado natural es la salud y no la enfermedad. Note que siempre el cuerpo buscará volver a su estado natural de salud, los glóbulos blancos libran batallas para desalojar visitantes, cuando nos cortamos las heridas cierran casi siempre sin ayuda…El cuerpo y nuestro Ser Superior saben que en realidad somos salud, pero es nuestro Ego que nos hace creer que no es así y se producen toda clase de síntomas que son evidencia de ese desbalance, pero solo son señales, nunca dejamos de ser saludables en realidad y precisamente es en lo que NO VEMOS pero DESEAMOS en lo que hay que enfocarse. Porque aunque los síntomas traten de llamar nuestra atención y sea todo lo que vemos en ese momento, la respuesta es volver a nuestra realidad donde ya somos completos, saludables y abundantes; por eso es que Wayne Dyer habla de pensar DESDE el final, en otras palabras, como si ya estuviéramos ahí, "contemplarnos en las condiciones que queremos".

Muchas personas se preguntan qué es lo que hay que hacer para tener fe, pues en realidad no hay nada que hacer obtenerla: ya la tenemos! Todos fuimos dotados con la semilla de la fe, la Biblia lo llama un don. Sea cual fuere el medio por el que la obtuvimos, todos tenemos fe desde el nacimiento y lo podemos comprobar cada vez que respiramos, pues aunque no vemos el oxígeno, sabemos que está ahí y no cuestionamos si estará para la siguiente inhalación dentro de unos segundos.

Ahora, esta fe nos es dada en forma de semilla, y es nuestro trabajo sembrarla en la mejor tierra, regarla todos los días, proveerle del sol necesario y básicamente cuidarla de cerca mientras la planta esté pequeña. Una vez que ha adquirido un buen tamaño ya no es necesario vigilarla tanto, pues ya tiene su propia fuerza y difícilmente morirá. Igual sucede con la Fe, es muy frágil frente a las amenazas del ambiente, pero una vez que su tallo se ha convertido en tronco no hay nada ni nadie que pueda arrancarlo de nuestro corazón, ni siquiera el más feroz huracán.

De hecho la semilla llegó de forma literal en mi vida. Yo estaba pidiéndole mucho a Dios que me diera Fe para poder sobrellevar los episodios de pánico. Frecuentemente me acostaba en mi auto bajo mis árboles favoritos (son grandes y en el mes de marzo se llenan de cientos de flores rosadas y violeta) en fin, me acostaba para pensar, relajarme, soñar con algún día tener mi patio lleno de esos árboles. Un día cuando regresé a mi casa note que había algo sobre el *dash* del auto y al tomarlo noté que era una semilla: una semilla de uno de esos árboles. Todavía no entiendo cómo, pero voló y logró ingresar por la ventana de mi auto y posarse sobre el *dash* y no sobre un asiento o el piso donde rápidamente hubiera sido pisada o poco notoria. Una voz en mi cabeza me dijo que la sembrara y que lo llamara Árbol de Fe y que iría creciendo en la medida que lo cuidara y regara todos los días, al igual que mi Fe.

Actualmente tengo todavía mi arbolito de Fe a la espera de ser sembrado en el enorme patio que algún día tendré. Yo les recomiendo que si este es un método que les puede ayudar a ver su proceso de Fe más real, hágalo, escoja una semilla y cuídela todos los días.

También me gusta utilizar la analogía del gimnasio en este tema, para los que prefieran verlo de otra manera. La Fe es como ir a hacer ejercicio, es una disciplina de todos los días, no podemos ir al gimnasio unos cuantos días y esperar que nuestros músculos estén completamente desarrollados, toma tiempo y los resultados no serán inmediatos, a esto le llamo levantar pesas de Fe: al inicio sentirán cansancio y frustración, pero una vez que hayan desarrollado los músculos de Fe tendrán la fortaleza que deseaban.

Recuerden es un proceso, es algo que se desarrolla y que a medida que crece es más fuerte hasta que llega el momento en que es parte de nuestros pensamientos y acciones diarias.

Llegará el momento en que sin ningún esfuerzo vivirá desde la Fe todos días, con la certeza que todo lo que deseamos ya existe, aunque no lo veamos y que la protección de Dios y sus ángeles siempre nos rodean. Además nadie ha muerto de un ataque de pánico, nuestra Fe debe estar puesta en la salud y no en la enfermedad.

La fe puede ser teórica o aplicada y eso depende de usted. Muchas personas saben exactamente de qué se trata la Fe y como pedir por ella, sin embargo cuando es momento de practicarla toda su teoría no sirve de nada. Podemos haber aprobado los cursos teóricos sobre Fe, pero es inútil al llegar los cursos prácticos y no podemos aplicarla, es aquí donde realmente se mide nuestra Fe. Si estamos frente a una situación desafiante y todos los obstáculos parecen indicar que lo que queremos no existe, sin embargo, es en ese momento donde la Fe debe ser puesta en práctica. Ya sea una situación económica que refleja escasez, puertas que se cierran, crisis nerviosas tras otras, enfermedades, malas calificaciones; sea cual sea el reto, el esfuerzo siempre debe ser recordar que lo que pedimos ya lo tenemos. Recuerden lo que dice 1 Juan 5:15 (capitulo 3).

No solo ya tenemos lo que hemos pedido, sino que nunca lo hemos dejado de tener. La salud siempre ha estado ahí, la calma y la paz siempre han estado dentro de nosotros pero lo olvidamos.

Es momento de pasar al nivel práctico de la Fe y hacer todas las actividades que tanto temen, con la confianza de que todo irá bien, *actúe como si* ya no hubieran más episodios de pánico por hoy, por esta semana, por este mes.

Actúe como si el dinero ya está en sus cuentas bancarias, como si ya estuviera con esa persona deseada, y verán que esa confianza y esa seguridad está realmente dentro de nosotros y no depende de lo que pasa afuera.

Salga a hacer las compras tranquila (o), aunque solo pueda ir por unos minutos, compre poco y luego en otro momento irá por el resto, vea la mitad de una película en el cine, qué importa?. El punto es que se de cuenta que nada malo pasará y en la medida en que su confianza crezca, también el tiempo en que puedan hacer eso que tanto teme.

El secreto es la confianza, reafírmese que nada malo pasará aunque al principio no se lo crea, como dice Iyanla Vanzant: "fínjanlo hasta que lo logre".

Recuerde que nadie ha muerto por un ataque de pánico, nadie!; básicamente es incómodo y molesto, pero como sabemos que no es peligroso le podremos quitar el poder que tiene sobre nuestras vidas e irá desapareciendo solo.

Y Jesús dijo: "Ve, y que suceda como has creído"
Mateo 8:13

"*Durante el tiempo de la noche más oscura, actúa
como si ya hubiera llegado la mañana*"

El Talmud

Eres el único que te acompañará siempre

Como antes lo mencioné, las crisis de pánico tienen que ver con sentimientos de abandono o desprotección que traemos desde pequeños, por esta razón es muy fácil que nos aferremos a personas o situaciones que nos hacen sentir seguros, aunque sea ilusoriamente. Para algunas personas es su mamá, o un trabajo, o su pareja, o cierto nivel económico, o una vecina, o su casa, o un lugar geográfico…en fin, nuestro niño interior en su desesperación busca encontrar y aferrarse a algo que le parece seguro y se crea una dependencia, por lo que cada vez que la persona siente la ausencia de ese "objeto de seguridad" va a sentir de nuevo ese viejo abandono que ha estado bajo la alfombra todos esos años, y el ataque surge.

El asunto es, que no hay nada seguro en este plano en que vivimos: las personas se alejan o pueden morir, las parejas se separan, los trabajos terminan, la economía mundial puede variar; por lo tanto nuestra paz y felicidad no puede depender de las situaciones externas porque ya vimos que no son eternas, inclusive pueden ser circunstancias momentáneas, como por ejemplo cuando yo experimentaba un episodio de ansiedad llamaba siempre a mi mamá, pues resulta que mi mamá no siempre podía atender el teléfono, muchas veces estaba en el baño, o atendiendo otra llamada, y aunque su intención siempre fue estar para mí en esos momentos, a veces simplemente no podía y no me quedaba más remedio que calmarme sola.

Precisamente aquí es donde el título del capítulo toma sentido pues solo hay dos con quien podemos contar siempre: Dios y nosotros mismos! Suena tonto pero así es, eres el único que va estar con usted siempre, y por esta razón es que debemos trasladar la dependencia de lo externo para comenzar a depender solo de lo interno.

Aquí es donde podemos retomar lo que dejamos pendiente al final del capítulo dos cuando mencioné que llevamos un niño o niña asustados por dentro, pues en el momento en que comprendemos que nada externo podrá sanarnos, dejaremos de buscar a alguien que se haga cargo de nosotros, que nos consuele y tranquilice como hubiéramos querido que lo hicieran en nuestra niñez. A partir de nuestra adolescencia nos convertimos en nuestros propios padres, si esperamos que alguien más lo haga probablemente pasaremos por desilusiones y el sufrimiento se extenderá más.

Ese pequeño niño o niña necesita una madre o padre y solo usted puede serlo ahora, no dejaremos que de nuevo confíe en alguien que no sabemos con seguridad si va a estar siempre ahí, tiene que ser algo seguro y eso seguro somos nosotros y Dios. Le aseguro que todos los días de su existencia va a estar con usted mismo, y las mismas palabras de consuelo que le da su psicólogo o su madre se las puede decir a usted mismo. En esos momentos de desesperación lo que ese niño necesita es solo un abrazo y que le digas que todo va a estar bien, que no está solo, y que le acompañarás durante ese momento de angustia. Esas palabras cálidas que todos queremos escuchar deben salir de usted ahora, y no significa que del todo no las debemos recibir de otros, sino que no dependamos que alguna persona las diga para volver a sentir seguridad.

Imagine esta escena, está a punto de ser operado, desde que pensó que iba para un hospital sus niveles de ansiedad son altísimos. Su madre ha estado a su lado en todo momento reconfortándole, sin embargo, llega el momento en que los enfermeros llegan para llevarle a la sala de operaciones y a partir de las puertas automáticas no se permiten familiares, si depende de su madre, esos van a ser los segundo más angustiantes de su vida.

No quiero ser fatalista, y muchos no tendrán que pasar por una experiencia así, pero es para ilustrar la idea de que solo nos tendremos a nosotros mismos como algo seguro, así es que si de depender se trata, hagámoslo de algo que sabemos con certeza que siempre va a estar ahí.

A muchas personas les da resultados positivos buscar una foto de cuando eran niños e imaginarse a esa personita con ellos en momentos en que están felices o asustados, y realizan un diálogo internos con su propio niño y ellos mismos se convierten en su padre o madre.

A otras personas nos resulta más fácil *"terapearnos"* o conversar con nosotros mismos, imaginándonos así como somos actualmente: de adulto a adulto; como si se lo estuviéramos diciendo a un amigo que está pasando un momento de angustia. Para otras personas esa clase de cariño y protección sale con sus mascotas, así que pueden imaginar que es un perrito o un gatito el que está asustado, desamparado y que solo nos tiene a nosotros para calmarlo.

No importa cuál imagen resulte mejor para usted, lo importante es que de nosotros salga ese adulto amoroso que nos diga exactamente lo que queríamos escuchar cuando éramos niños. Al hacer esto, sean cual sean las palabras que utilicemos, vamos a llenarnos de amor y tranquilidad, en otras palabras, volveremos a conectarnos con nuestra fuente donde todo está bien y todo estará siempre bien porque no existe más que eso.

En resumen, aprendamos a acompañarnos en todo momento para fortalecer y empoderar a ese niño o niña que llevamos dentro que sigue sintiendo abandono, pues como dicen por ahí: los sentimientos que se entierran vivos, no mueren.

Eventualmente, ese sentimiento de desprotección se va a convertir en confianza, en Fe y la duda no volverá a tener lugar en nuestras mentes, pues donde hay amor, no hay cabida para el miedo.

Una vez que ese niño o niña camine con seguridad a nuestro lado será como cuando Neo le pregunta a su guía en la película Matrix:

Neo:—¿Estas tratando de decirme que puedo esquivar balas?

Morpheus_—No Neo, estoy tratando de decirte que cuando estés listo, no tendrás que esquivarlas

En otras palabras, no es que alguna día podremos evitar las crisis de pánico, o "esquivarlas" de alguna manera, algún día se darán cuenta que ni quiera existen realmente, sino que es nuestra mente haciéndonos creer que la amenaza es real.

Yo veo el proceso de cambio como si nos pusieran en un laberinto:

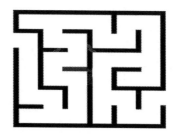

Las primeras veces son muy difíciles pues cada vez que vamos por el camino equivocado o cuando tenemos un episodio de pánico, volvemos al inicio. Es decir, debemos retomar todas las enseñanzas que hemos adquirido sobre cómo actuar cuando permitimos que los episodios sucedan.

La estrategia es aprender de estas pequeñas crisis y así, cada vez que nos "devuelvan al inicio", pasaremos más rápido el tramo antes del obstáculo que nos detuvo la vez anterior. Hasta que eventualmente no es una molestia volver a empezar y volver a pasar por todo ese tramo… lo haremos en cuestión de segundos.

Me gusta utilizar esta ilustración para explicar que, aunque sintamos que cada episodio de pánico nos devuelve al inicio, lo importante es recordar que podemos aprender a manejarlos y cada vez que tengamos uno, recordaremos lo que hicimos la vez anterior para salir del laberinto.

Con el tiempo, les pierdes el miedo y ya no importa volver al pie del laberinto, pues ya sabes qué hacer y podrás hacerlo en cuestión de minutos, luego cuestión de segundos, hasta que no volvemos a pasar por él, pues la confianza ha tomado el lugar que tenía el miedo.

Recurriendo de nuevo al ejemplo de la película Matrix, mientras pasemos todas esas veces por el laberinto, será como esquivar las balas, pero cuando la Fe se haya instalado dentro de nosotros y retomemos el poder que le dimos a los momentos de pánico, será cuando tengamos conciencia que las balas existen solo si lo queremos.

La luz echa fuera la oscuridad.

"Y sabemos que a los que aman a Dios, todas las cosas les ayudan a bien"

Romanos 8:28

Encontrar las bendiciones en toda situación

A pesar que en los momentos de crisis todo se ve oscuro, siempre hay bendiciones a la espera de ser descubiertas, y toda la experiencia de pasar por ataques de pánico nos abre las puertas a hacer grandes cambios en nuestras vidas. Dependiendo de la forma en que lo tomemos, puede convertirse en un camino purificador que nos hará pasar por el fuego como el oro, pero solo para salir del otro lado brillando de la forma más pura.

Personalmente, creo que una de las lecciones más grandes en esta vida es amarnos a nosotros mismos, y está ligada al capítulo pasado, pues cuando aceptamos a ese pequeño niño o niña con sus complejos y tristezas, podremos perdonarnos y solo así se llega al amor.

Si una enfermedad u obstáculo nos lleva al amor propio: yo lo llamo bendición.

Muchas personas deben encontrarse cara a acara con alguna enfermedad terminal o algún padecimiento serio y complicado para darse cuenta de quienes son realmente, pero no tiene que ser así, es nuestra decisión tomar el camino accidentado y largo.

Los que escogimos el camino de los ataques de pánico debemos alinear nuestros pensamientos pero nada más, ya que nuestro cuerpo permanece intacto, mientras que otras personas deciden hacer su trabajo de sanación mientras batallan contra alguna enfermedad en su cuerpo.

Por eso siempre les recuerdo esto a las personas que se quejan de los momentos de pánico, pues es mucho más sencillo que lidiar contra un cáncer.

En lo personal, yo encontré más que aceptación en aquella noche que narré en la introducción, mientras estaba enroscada en mi almohada solo podía pensar que esto debía ser para algo, tenía que haber un propósito detrás de ese sufrimiento inexplicable y en ese momento, empezaron a aparecer en mi cabeza imágenes de mí impartiendo charlas a mucha gente, y me escuché diciendo: si yo sobreviví a esas noches ustedes también pueden!. En ese instante comprendí que yo debía pasar por esas crisis para poder entender realmente a mis pacientes y a cualquiera que pasara por esa situación. Llegué al convencimiento de que era necesario experimentar lo mismo que ellos sienten para poder decir con convicción: yo sé exactamente cómo se vive un ataque de pánico! Fue ahí cuando por primera vez en horas sonreí, y a pesar de que las lágrimas seguían saliendo, pude sonreír porque sabía que yo debía sobrevivir esa noche porque tenía una misión con todas esas personas, porque nadie entiende mejor que la persona que ha pasado por lo mismo, por esta razón los dirigentes en Alcohólicos Anónimos, Narcóticos Anónimos, grupos de personas abusadas y demás, son individuos que también sufrieron esa situación, quién mejor para entendernos en el dolor que alguien que también lo padeció?

Gracias a esta experiencia empecé a recorrer mi camino espiritual y me acerqué a Dios. Cambié mi estilo de vida y mi alimentación por una más saludable. Volví a retomar los dones que descubrí cuando era pequeña, pero que escondí en la adultez cuando consideré que eran tonterías e inventos míos. Inclusive, me alejé de algunas personas que no estaban de acuerdo con mi nueva forma de vivir, otros vinieron a mi lado con formas de pensamiento similares a los míos.

Una circunstancia fue llevando a la otra y fue como descubrir un cofre con un tesoro interminable, pues cada día me llega más sabiduría en forma de libros, canciones, frases, películas, personas.

Aprendí a buscar la paz y el amor sobre todo y el resto fue cayendo solo. Y hasta he ido perdiendo el miedo a la muerte y eso ha alejado mis episodios ansiosos, ahora creo en todos esos hermosos relatos de las personas que mueren y regresan con su mensaje.

Cada uno de ustedes recibe también bendiciones con cada situación difícil de sus vidas. La primera diría yo, es indudablemente la compasión, y no es coincidencia que Jesús nos hablara tanto de ella, porque poder entender realmente a otra persona y ponerse en sus zapatos es de los sentimientos más grandes que experimentamos, ya que solo así podemos aceptar y amar a alguien. ¡Qué poderoso poder cumplir el mandato de Jesús: amaos los unos a los otros! Y por alguna razón lo repite varias veces en la Biblia.

Las bendiciones serán diversas para cada uno de nosotros, pues todos venimos con una lista de aprendizajes hecha para cada quien. La compasión es la primera de muchas.

Inclusive, Dios es tan maravilloso, que no se queda solo en las bendiciones para nosotros, sino son también para las personas para las personas que nos rodean, ya que no están a nuestro lado por accidente. Si están ahí y son partícipes de nuestras crisis es porque también tienen algo que aprender, de esta manera no solo somos aprendices, sino también instrumentos para que otros crezcan espiritualmente. Solo pensar esto me deja maravillada.

Si logran pulir sus lentes espirituales van a poder ver todos los aprendizajes y cosas positivas que trae cada experiencia difícil a nuestra vida.

Conocerse, amarse, perdonarse, cambiar su estilo de vida por uno mejor, encontrar otras personas, acercarse a Dios, tener compasión por otros, cambiar viejos pensamientos, sentirse tranquilo por primera vez en años, entender a ese padre o madre que sufría lo mismo que yo, pero que nunca pudo manejarlo, ayudar a otros; todas estas y muchas más son bendiciones que pueden llegar si tomamos la decisión de verlas, y más importante aún, recibirlas porque ya están ahí, siempre han estado ahí.

Hasta ese día que les relaté en la introducción, yo pude entender una de las bendiciones más grandes de mis ataques de pánico, esa noche sobreviví y adivinen qué....hoy puedo decir yo sé exactamente cómo se siente, pero si yo pude usted también!

"La meditación es el único medio para el desarrollo armonioso del cuerpo, mente y alma"

Maharishi Mahesh Yogi

Técnicas

En este apartado les pondré algunas de las muchas técnicas que han funcionado para mí y para los participantes del grupo de apoyo que dirijo. De igual manera no todas las técnicas nos funcionan a todos, así que pueden tomar las que les sirvan, modificarlas, darles su estilo personal e inclusive crear nuevas. De hecho así es como he descubierto la mayoría de mis técnicas: a través de la intuición y prestando atención, pues en la cosas más simples y más cotidianas puede estar la solución que estaba buscando.

Meditación

Es una de las técnicas más antiguas y funciona no solo para ataques de pánico. Al inicio yo era un poco escéptica sobre la meditación, pensaba que cómo algo tan simple podía hacer tanto, pronto cambié de parecer al a ver los cambios que estaba teniendo: me sentía más tranquila durante el día, lograba disfrutar cada momento aunque fuera dentro del tráfico de la ciudad, sentía más amor por todo y por todos, y esto con solo unos minutos cada noche.

Para los budistas, la meditación significa *"permanecer sin esfuerzo en lo que es".*

Ellos expresan que la meditación es una práctica interna que nos permite conectarnos de una forma directa con la propia "mente";

es la condición esencial para aumentar la sabiduría y erradicar el sufrimiento.

La meditación aquieta la mente y permite que el presente finalmente suceda en nuestras vidas. Nos ayuda conectarnos con nuestra fuente como lo menciona el Curso de los Milagros:

"Su voz espera tu silencio, pues Su Palabra no puede ser escuchada hasta que tu mente esté en silencio por un rato"

También eleva nuestras vibraciones y esto nos da un alto potencial de manifestación.

Hay muchos tipos de meditación, así que puede buscar el que más le guste y el que le genere mejores resultados.

Visualización:

Esta es una de las favoritas y de las más utilizadas por las personas a las que colaboro. Cabe señalar que aunque mucha gente lo piense, la visualización no es lo mismo que meditar.

Visualizar consiste en crear imágenes, sonidos, sabores y sensaciones en un estado de "sueño despierto".

Funciona terapéuticamente para todo tipo de dificultades como duelos, estrés y ansiedad, manifestación en el plano material, sacar enojo o tristeza, hablar con personas o seres que no podemos ver, como ángeles o seres queridos que han fallecido. En fin, puede usarse para lo que ustedes deseen pues el campo de la mente es infinito.

Para las personas que asisten a los grupos que dirijo, siempre les aconsejo hacer una visualización relajante antes de dormir, con paisajes que les llenen de paz, y en caso que estén con preocupaciones o estrés, les sugiero que incorporen la imagen de Jesús o de un ángel que se les acerca con una cajita; seguidamente depositan en ella todo lo que les preocupa y ese espíritu de luz se lo lleva. Lo más importante es dejar ir **realmente** la carga, pues puede ser que no la entreguemos de forma inconsciente así que la ansiedad no se irá. La clave es confiar en que el universo o Dios, se está haciendo cargo de esa situación y por lo tanto la persona puede darse permiso de experimentar paz y relajación.

La frase "Deje ir y deje a Dios..." enlaza varios de los temas analizados en capítulos, anteriores como el control, la fe y la historia del restaurante. Pero quiero mencionarlos de nuevo porque para alcanzar realmente la paz, tenemos la opción de confiar completamente en las situaciones sobre las que no poseemos control, que es básicamente todo lo que está fuera de nosotros. Creer en que todo está solucionado y que sea cuál sea el desenlace de cualquier situación, estaremos bien porque Dios está a cargo.

Respiración:

Algo que tienen en común las dos técnicas anteriores es la respiración profunda.

Unas cuantas inhalaciones intensas oxigenan todo el cuerpo, relajan los músculos y desaceleran el ritmo de los latidos del corazón.

La ventaja de esta práctica, es que podemos hacerla donde quiera que estemos, ya sea sentados o de pie, con mucha o poca gente.

Durante un episodio de pánico, la respiración es lo primero que se afecta, por lo tanto es importante volverla a su estado natural y el resto del organismo le seguirá.

Combine su respiración junto con la meditación o las visualizaciones para entrar en un estado de relajación aún mayor.

Respire con abundancia mientras recuerda que todo esta bien y que usted esta protegido siempre.

Puede incluir este hábito en su rutina diaria, inclusive cuando no esté experimentando un momento de nervios.

Pensamiento-Emoción:

Aunque los ataques de pánico se dan de forma inesperada y crecen rápidamente en el momento de la crisis, si ponemos atención a lo que sucede en nuestras cabezas en ese momento, podremos ver que hay un patrón escalonado que va más o menos así:

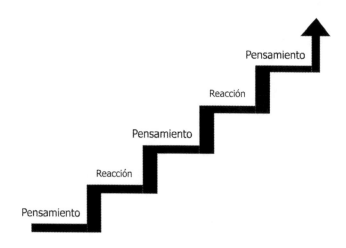

Hay un pensamiento inicial que puede ser:

— ¿Y qué tal si me diera un infarto en este autobús? Nadie podría ayudarme, estamos en el medio de la nada y nadie me conoce.

De modo casi instantáneo podríamos empezar a sentir un dolor en el pecho (Reacción)

Seguidamente pensamos:— Me duele el pecho, esta es una de las primeras señales.

A continuación hormiguea parte del brazo izquierdo (Reacción)

Pensamos: —Claro! Es un infarto, solo falta….

Sentimos náuseas y pensamos: —Ya está! Sí es un infarto porque la semana pasada vi en el Discovery Chanel que dolor en el pecho, hormigueo en el brazo y náuseas son los síntomas de un infarto.

Suena gracioso, pero muchas más situaciones de estas se dan en nuestra mente en cuestión de segundos y cuando nos damos cuenta estamos en el pico de la crisis con muy poco control sobre nosotros mismos, en ese momento.

En la cumbre de la crisis no es que sea imposible, pero ciertamente es más difícil calmarnos, por lo tanto, el truco aquí es detener la subida lo antes posible y los puntos clave para hacerlo es cuando llega un pensamiento, por esa razón los subrayé en el dibujo.

Entre más pronto cambiemos los pensamientos, más rápidamente detendremos la escalada, por eso cuando note que algún pensamiento catastrófico llega a su mente, sea cual sea el contexto, cámbielo por uno que te acerque al amor y no al miedo.

Utilizando el mismo ejemplo del autobús

—¿Y qué tal si me diera un infarto en este autobús? Nadie podría ayudarme, estamos en el medio de la nada y nadie me conoce.

Empieza el dolor en el pecho (Reacción)

Cambiamos el pensamiento por:— como ya me conozco lo suficiente, sé que este dolor de pecho no obedece a un infarto sino a un episodio de pánico.

Otra opción podría ser: —¿Si todos los días tomo este autobús y nunca me ha dado un infarto qué me hace pensar que hoy si lo tendré?

O también: —Dios (o como quieran llamarlo) está conmigo, él dijo que nunca me abandonaría y enviara a sus ángeles siempre. Así que no temeré pues la ayuda llegará cuando la necesite aunque hoy no es el caso.

Y ustedes mismos pueden crear muchas más versiones de este diálogo interno. El punto es cambiar cada pensamiento que llegue para que la reacción también cambie. Recuerde que la mente no distingue lo que es real y lo que no, y el cuerpo solo sigue las instrucciones de la mente, pero como usted sí sabe la diferencia, puede cambiar la dirección en todo momento. ¡Cuanto antes mejor!.

Sea gentil con usted mismo

Durante todo el proceso de sanación, recuerde siempre ser gentil con usted mismo. Juzgar y tratarse mal solo hará más lento el camino, pues un niño entenderá mejor con amor y no con regaños. Cuando caiga en esta conducta, deténgase y cierre los ojos, imagine como se sentía en la infancia cuando le decían cosas negativas. Si no puede verse a sí mismo, imagine a cualquier otro pequeño que está siendo tratado de esa manera, porque no sabe todavía cómo afrontar los obstáculos. Ya de adulto usted sí sabe y puede enseñarle de forma amorosa.

Tenga presente que siempre está haciendo lo mejor que puede en todo momento, y de acuerdo a los conocimientos y herramientas que posee. Si le hacen falta, puede ser porque no sea el momento aún para tomar el siguiente paso.

Mantenga la paciencia consigo mismo, pues durante los cambios muchos cosas están sucediendo dentro de usted y dejar hábitos toma tiempo. Dese el espacio para hacer el proceso de duelo de su antigua forma de ver la vida.

No se presione a la hora de enfrentar sus miedos, pues puede crear más aversión a ellos, hágalo cuando se sienta preparada(o) y la cantidad que sienta cómoda. Muchos expertos sugieren enfrentar la situación temida de forma inmediata y completa, sin embargo, en mi experiencia y la de las personas con las que trabajo, me he dado cuenta que es mejor fortalecer primero al niño interior y a usted como adulto amoroso, para luego exponerlo.

Una vez que haya enfrentado una situación temida, sienta la libertad de premiar a su niño interior con alguna actividad o comida que le guste. Cada vez que sobrepase una situación desafiante, él o ella va a asociarlo con una buena experiencia, e irá perdiendo el temor en la medida en que en su cerebro quede grabado que no pasa nada si nos subimos al autobús, o vamos al supermercado o centro comercial.

En nuestra mente, todos estos escenarios son peligrosos o representan una amenaza, la idea es cambiar esta manera de verlos y crear una nueva impresión mental al experimentar una y otra vez (de forma amorosa y segura) que no hay peligro, nunca lo hubo.

Estos enlaces cerebrales se refuerzan con miedo o seguridad, según lo que decidamos con respecto a ese lugar o situación. Por esto, si queremos cambiar, es necesario enfrentar una y otra vez para fortalecer la confianza poco a poco.

De esta manera verá como sin darse cuenta, enfrenta sus miedos de una manera gradual y suave. Recuerde la frase de Vivekenanda escrita en el capítulo tres: dirija su esfuerzo en hacer crecer el amor y la confianza dentro de usted, y poco a poco el miedo irá desapareciendo. Es como encender la luz en una habitación oscura, la luz nunca empuja, sino que las tinieblas se retiran solas con la presencia de lo divino

Haga las paces

Antes de seguir cultivando enojo y rencor dentro de usted, haga las paces con sus crisis de pánico (yo sé que suena loco pero funciona). Cualquier situación o enfermedad que llevemos dentro honrémosla, dele las gracias por todo lo que le ha enseñado, pídale perdón por echarle la culpa de muchas de las decisiones que ha tomado usándola como excusa.

Hable con la crisis, siéntela a su lado con una taza de té y dígale lo que siente, llore con ella y lo más importante, envíele amor y luz cada vez que aparezca porque esto le llenará de amor y luz a usted, y eso es como inyectarse una dosis de medicina. Recuerde que donde hay amor no puede haber temor.

Cuide sus palabras

Las palabras son energía, porque vibran en el aire y porque reflejan nuestros pensamientos y emociones. Louise nos ha enseñado por décadas a utilizar las palabras a nuestro favor como declaraciones de lo que deseamos en que aparezca en nuestras vidas. Escoja las palabras que salgan de boca que vayan en concordancia con salud, felicidad y prosperidad. Repita Soy Sano y así lo será.

Es importante decir las frases en presente y no en futuro porque es aquí y ahora que queremos manifestar el deseo, y así reconocemos que vivimos en un eterno presente

Personalmente he sentido que la afirmación "Yo Soy" es de las más poderosas. Yo Soy Luz, Yo Soy Amor, Yo Soy Salud, Yo Soy Felicidad…Y puede agregarle todas las palabras que le hagan sentir mejor.

Por otro lado, revise cuántas veces en el día aplica el Yo Soy junto con palabras como tonta, Yo Soy inútil, Yo Soy alérgico, Yo Soy molesto para otros, Yo Soy depresivo, Yo Soy obsesivo, Yo Soy anormal o diferente al resto de personas, y muchos más que utilizamos todos los días sin darnos cuenta; imagine lo que piensa su cerebro después de escuchar estas frases una y otra vez: ¡Se las cree! La mente llega a pensar que es cierto y lo hace real. Así que mejor asegurémonos que lo que la mente crea sea lo que realmente nos va a hacer sentir bien y nos va a llevar donde queremos estar.

Algunas personas se preocupan cuando notan que piensan o dicen constantemente lo que no quieren en su vida. Temen que tanta repetición vaya a atraer eventualmente ese cáncer o el infarto con el que están obsesionados.

Sin embargo, las vibraciones del miedo son tan bajas que no son los suficientemente fuertes para manifestar. En cambio las energías de calma, de paz y de confianza son más efectivas.

Además, atraemos lo que somos, por lo tanto lo único que va a lograr es reproducir más miedo, porque ese es en el lugar en el que está en ese momento.

Concéntrese en lo que desea, y no en lo que quiere alejar.

Servicio a otros

Por último, servir a otros es beneficioso tanto para el que lo recibe como el que lo da. Todos venimos a servir de alguna u otra manera a la vida. Algunos sienten el llamado a ayudar a niños, otros a jóvenes, o adultos mayores; inclusive hay gente que se dedica a cuidar de nuestros animales y plantas.

Dentro de cada uno, nuestra alma anhela el servir a otros aunque sea enviando luz y amor desde nuestro asiento.

Sin embargo, para muchos puede ser sanador porque nos sitúa en una vibración más elevada y nos obliga a dejar de pensar en nosotros mismos y enfocarnos en los otros.

Muchas veces para no encontramos encerrados en nuestro dilema, pensando y pensando sobre el "problema que padecemos" e irónicamente esto solo va a generar más ansiedad, que a su vez puede llevar a una crisis de pánico.

Si no dejamos de darle vueltas al asunto por un momento, no le damos la oportunidad al universo de resolverlo, en otras palabras, "nos metemos en la cocina de Dios" y nuestro miedo y preocupación impiden que el milagro suceda.

Si utilizamos toda esa energía en ayudar a otro ser vivo, estamos diciendo que confiamos. Para mí es una técnica perfecta para cualquier padecimiento, especialmente depresión o ataques de pánico.

Busque en su comunidad algún centro o refugio donde necesiten voluntarios, si no dispone de mucho tiempo, vaya por lo menos una hora a la semana. Aunque sea poco para usted, es mucho para ellos.

Inténtelo, y verá la satisfacción que da al final del día haber ayudado a un ser vivo, y el alivio de dejar de pensar tanto en lo que le aqueja y le hace "falta"

Nota final

En este pequeño libro, escribo sobre los consejos que me han ayudado personalmente y también a las personas que he llegado aconsejar.

Sin embargo, estoy consciente de que no todas las recetas funcionan para todo el mundo, los métodos que para unos son muy efectivos, para otros no tanto.

Por esa razón yo le motivo para que emprenda el viaje de conocerse y conocer sus crisis de pánico pues cada uno de nosotros las experimentamos de forma diferente.

De este conocimiento profundo puede salir la inspiración y creatividad al elaborar sus propias técnicas para afrontar cada episodio de una manera más efectiva y, hasta por qué no, divertida.

Experimente con sus ideas, utilice situaciones o pasatiempos que le agraden y conviértalos en su aliado. Yo me apoyo mucho en la letra de canciones, o frases inspiradoras de las películas. Y así como yo recibí toda esta sabiduría, también puede si usted se dispone a ver los mensajes que nos deja el universo en todas partes.

Cuando nos abrimos a la vida, aparecen los maestros, los libros, las canciones, las frases y los métodos que nos ayudarán en el camino. Y si no, llega la imagen que nos dará ideas para crear nosotros mismos las técnicas que funcionarán mejor en nuestro viaje.

Practique la religión que más le ayude, confíe en la vida, el universo, el espacio, Dios, la fuente. Llame a su lado a sus arcángeles y ángeles favoritos, o a maestros milenarios, santos o antepasados. Lo importante es que tome conciencia que no está sola (o).

Busque los libros, enseñanzas y técnicas que más le llenen de paz, hay muchos acercamientos distintos para los ataques de pánico y todos son valiosos por igual.

Y sobre todo no olvide, que cada uno de nosotros viene con la caja de herramientas para enfrentar los desafíos de la vida y éste no es excepción. Yo creo en su potencial de descubrir la persona que realmente es, ¿por qué? Porque yo no lo creí de mí y ahora tengo completa confianza.

Bendiciones,
Silvia